Mathias Wais
Der Mythos der heilen Kindheit

Mathias Wais

Der Mythos
der heilen Kindheit

Der junge Mensch
an der Schwelle zum nächsten
Jahrtausend

Chancen und Grenzen
von Erziehung heute

MAYER

Mathias Wais, geboren 1948, studierte Psychologie, Judaistik und Tibetologie und schloß als Diplom-Psychologe ab, eine psycho-analytische Ausbildung und Forschungen schlossen sich an. Seit 1985 ist er in der Erziehungsberatung tätig.

Die Deutsche Bibliothek – CIP-Einheitsaufnahme

Wais, Mathias:
Der Mythos der heilen Kindheit. Der junge Mensch an der Schwelle zum nächsten Jahrtausend. Chancen und Grenzen von Erziehung heute. Mathias Wais. –
Stuttgart ; Berlin ; Mayer, 1998
(Mayer Manuskript)
ISBN 3-932386-15-9

ISBN 3-932386-15-9
© 1998 Verlag Johannes M. Mayer & Co. GmbH,
Stuttgart · Berlin
Umschlag: projekt partner,
Laurenz Theinert, Stuttgart
Satz und Druck: Gulde Druck GmbH, Tübingen

Inhalt

Der Mythos der heilen Kindheit

9

Der junge Mensch
an der Schwelle zum nächsten Jahrtausend

28

Der Mythos der heilen Kindheit

Es soll in diesem Essay um den Mythos der heilen Kindheit gehen, um die Behauptung also, Kindheit habe möglichst sorgenfrei und problemfrei zu sein und solle nicht tangiert werden von den Nöten der Familie, den Problemen der Gesellschaft und auch nicht von den problematischen Auswirkungen der technischen und sozialen Umwelt. Dieser Mythos hat die Funktion einer Norm und tritt als Tatsachenbehauptung auf. Kindheit hat demnach eine unbeschwerte Insel zu sein. Das Kind sollte möglichst von morgens bis abends im Garten Schmetterlinge beobachten und im Wohnzimmer mit Holzklötzen Türmchen bauen – ein seliges Lächeln auf den Lippen. Das Kind soll nichts bemerken von den persönlichen und ehelichen Problemen der Eltern. Es soll sich mit Hingabe und ohne eigene Reflexionen führen lassen, auch durch das zweite Jahrsiebt hindurch, und soll spätestens in der Pubertät lernen, sich zu beherrschen und den Ermahnungen der Erwachsenen zu vertrauen.

Es scheint mir sinnvoll, demgegenüber zu beschreiben, was heute die Realität der Kindheit ist. Sodann wird zu untersuchen sein, wie wir angesichts dieser Realität mit dem Mythos – gerade Kindern gegenüber – umgehen und welche Bedeutung dies für sie hat. In einem weiteren Schritt möchte ich gegenüberstellen, wie Kinder mit ihrer Realität umgehen. Angesichts der sich abzeichnenden Diskrepanz zwischen Ideal und Wirklichkeit ist dann zu fragen, welche Funktion der Mythos hat und woran er eigentlich anknüpft. Und schließlich möchte ich am Schluß skizzieren, was sich aus dem Dargestellten für Pädagogik und Entwicklungsförderung ergibt.

Wenn ich zunächst etwas ausführlicher beschreibe, welchen Belastungen Kinder heute ausgesetzt sind, so geht es nicht darum, zu behaupten, Kindheit sei heute nur schrecklich, sondern ich möchte im Gegenteil die Aufmerksamkeit darauf lenken, was Kinder alles meistern, womit sie gegenwärtig fertig werden müssen. In der täglichen Erziehungsberatung lerne ich viele Kinder und Jugendliche kennen, die ich eigentlich nur bewundern kann, weil sie gerade aus solchen Belastungen und Bedrängnissen heraus ihren Weg finden, Selbstbewußtsein und eine klare Urteilskraft entwickeln und schließlich ganz normale Menschen werden.

Die wahrscheinlich häufigste Kindheitsbelastung unserer Zeit ist die Trennung der Eltern. Jedes zweite Kind zwischen null und achtzehn Jahren erlebt die Trennung der Eltern. In den meisten Fällen ist dies ein für das Kind unverstehbarer und nicht nachvollziehbarer Vorgang. Auch wenn es vorher Streitigkeiten und langfristige Konflikte zwischen Vater und Mutter mitbekommen hat und insofern sogar eine Art Einsicht in die Richtigkeit der Trennung haben kann, wird es mit Verlassenheits- und Schuldgefühlen reagieren. Jedes Kind erlebt sich in der akuten Trennungssituation sehr allein und fragt sich, was es dazu beigetragen hat, daß ein Elternteil – meist ist es der Vater – nun wegzieht. Es meint, auch wenn das irrational ist, verantwortlich für das Geschehene zu sein, was so weit gehen kann, daß es sich aufgerufen fühlt, zu versuchen, die Eltern wieder zusammenzubringen. So etwas ist kein einmaliger, kurzer Gedanke, sondern wird zu einer Lebenshaltung, zu einer Dauerstimmung.

Manche Kinder fühlen sich selbst verlassen vom wegziehenden Elternteil, beziehen die Trennung auf sich und leben mit der Frage, was mit ihnen wohl nicht in Ordnung ist, daß der Vater sie verlassen hat. Erwachsene lassen sich oft darüber täuschen, wie gravierend diese Situation für Kinder ist, weil das Kind ihnen gegenüber eine verständnisvolle, manchmal tröstende Haltung einnimmt. Daß es sich so verhält, heißt aber keineswegs, daß es gut mit der Trennung zurechtkommt, sondern stellt bereits eine das Kindsein überschreitende Reaktion dar: Es ist niemals Aufgabe des Kindes, einen Erwachsenen zu trösten, ihn zu verstehen oder sich sogar verantwortlich für ihn und seine Stimmungen zu fühlen. Diese so »vernünftig« reagierenden Kinder sind insofern bereits keine Kinder mehr. Sie haben, was die Trennungssituation, in der sie sich befinden, betrifft, nicht nur keine heile, sondern überhaupt keine Kindheit, weil sie in die Belange der Erwachsenenwelt hineingezogen werden. – Andere reagieren auf die Trennung der Eltern mit Wut, andere mit Regression, das heißt, sie nassen zum Beispiel wieder ein, fallen in clowneskes Verhalten, und wieder andere reagieren mit innerlichem Rückzug bei äußerlicher Anpassung. Trennungskinder, die natürlich immer die Sehnsucht haben, daß Vater und Mutter wieder zusammenkommen, werden auf die übelste Weise angelogen und zum Publikum eines Schmierentheaterstückes gemacht, wenn zu bestimmten Anlässen – Weihnachten zum Beispiel – so getan wird, als sei man doch eine heile Familie. Wenigstens an Weihnachten sollen alle wieder zusammen sein, und vom Kind wird erwartet, daß es glücklich lächelnd zwischen Vater und Mutter unterm Tannenbaum sitzt, Geschenke auspackt und die Krippe anschaut als Vorbild der heilen Familie. Kinder durchschauen solche Zynismen, getrauen sich aber selten, sie direkt anzusprechen. Sie passen sich entweder den Erwartungen der Erwachsenen an und spielen mit – dies typischerweise mit einem inneren Gefühl der Leere und Verlassenheit. Oder sie protestieren auf indirekte Art: Sie verweigern das Mitsingen der seligen Lieder, verweigern die Freude über ein Geschenk, stochern provozierend im Weihnachtsmahl herum oder werden frech und geben schon den Wunschzettel für das nächste Jahr durch. Ebenfalls eine häufige Folgebelastung der Trennung ist die »Entkindung« dadurch, daß der Erwachsene es für seine partnerschaftlichen Probleme und Unerlöstheiten zum Gesprächspartner macht. Beide Eltern versuchen oft, das Kind auf ihre Seite zu ziehen oder es in ihren Konflikten, die sie miteinander immer noch austragen, zum Schiedsrichter zu machen. Kinder werden als Spione eingesetzt und zum Beispiel nach dem Besuch beim Vater ausgefragt, ob denn die neue Freundin wieder da war und ob die eigentlich auch kochen kann. Oder der Vater, der sich Unterhaltsforderungen ausgesetzt sieht, jammert dem Kind etwas über seine engen finanziellen Möglichkeiten und die Ansprüche der Mutter vor. Bis ins Leibliche hinein werden Kinder funktionalisiert und zum Partnerersatz gemacht. Sie werden in das jetzt verwaiste Ehebett geholt und sollen die Wärme geben, die der zurückbleibende Elternteil nicht mehr hat.

All dies sind nicht einzelne Vorfälle, sondern der Alltag vieler Trennungskinder. Mit heiler Kindheit hat das nichts zu tun.

Nehmen wir ein anderes Beispiel, das nicht sehr häufig ist, aber deutlich macht, wie gravierend einem Kind die kindliche Unbeschwertheit genommen werden kann, die ihm doch angeblich zukommt: Die zehnjährige Sara ist Linkshänderin. Sie selbst hatte damit nie ein Problem, ja, es war ihr gar nicht bewußt. Dann kam sie in die Waldorfschule. Anfänglich liebevoll wurde sie immer wieder aufgefordert, mit der rechten Hand zu malen und Formen und Buchstaben zu zeichnen. Das Ergebnis war immer sehr krakelig, und bei Sara entstand das Bild, daß sie nicht richtig schreiben könne. Sie fing an, »b« und »p«, »d« und »b« zu verwechseln, machte also legasthenieähnliche Fehler. Ihr Lehrer wußte ja auch den Grund: Sie mußte sich nur fleißig bemühen, mit rechts zu schreiben, dann würde das mit den Buchstaben schon noch klappen. Es wurde aber immer schlimmer, und vor allem schrieb sie so langsam, daß sie zunehmend Schwierigkeiten hatte, im Unterricht mitzukommen und die Hausaufgaben aufzunehmen. Der aufmerksame Lehrer berief eine Konferenz ein, einige Fachlehrer waren da, die Schulärztin, die Heileurythmistin und die Eltern. Den Eltern wurde eröffnet, daß die Linkshändigkeit ihrer Sara ein karmisch bedingtes Problem sei und daß nun alle aufgefordert seien, ihr Karma wieder einzurenken. Ab jetzt war Sara ein Problemkind. Sie mußte, was für sie sehr schlimm war, während des Hauptunterrichts die Klasse verlassen für die heileurythmische Behandlung. Zuhause traktierten die Eltern sie mit

Übungen und ständigen Ermahnungen. Nach drei Jahren hatte Sara sich angepaßt. Sie schrieb in der Schule mit rechts, zwar ungelenk und langsam, aber eben rechts. Zu Hause, in ihr Tagebuch, schrieb sie mit links – schnell, flüssig und fehlerfrei. Sie vertraute ihrem Tagebuch den Kummer darüber an, daß sie ein Problem sei, daß sie von dem Lehrer, den sie doch sehr mochte, nicht akzeptiert werde, daß ihre Eltern ihr ständig klarmachten, daß sie da so eine Art Behinderung habe. Und je älter sie wurde, um so mehr blickte sie deswegen mit Sorge in die Zukunft.

Sara setzte eine Maske auf; sie lächelte immer freundlich, versuchte nicht aufzufallen, hielt sich bei gemeinsamen Aktivitäten der Mitschüler zurück und verlor schließlich über diese Erstarrung jeden inneren Kontakt zur Klasse und zu ihrem Lehrer. Ihre Schulleistungen wurden immer schlechter, ihre Stimmung – auch zu Hause – melancholischer, selbst wenn sie gleichzeitig äußerlich in ihrer starren Weise lächelte. Schließlich kam sie in heilpädagogische Behandlung, mußte zweimal in der Woche zu einem Kinderpsychologen fahren, und wenn andere Kinder sich morgens erzählten, was sie am Nachmittag davor alles unternommen hatten, konnte Sara nur von den Fahrten zum Therapeuten und den endlos langen und zähen Stunden über den Hausaufgaben erzählen, was natürlich keinen interessierte. – Also auch dies keine glückliche Kindheit.

Ein drittes Beispiel: Die elfjährige Julia ist am Anfang der fünften Klasse in einer Gesamtschule. Eine Klassenfahrt steht bevor. Die Schüler dürfen es sich selbst aussuchen, mit wem sie in den Viererzimmern liegen wollen. Julia bleibt übrig. Keiner hat sie gefragt. Und was sie noch schlimmer findet: Es scheint auch keinem aufzufallen, daß sie übrig bleibt. Sie beschließt, sich vor der Fahrt krank zu melden.

Seit Monaten fühlt sich Julia sehr allein in der Klasse. Wenn sie auf dem Schulhof sich einer Mädchengruppe nähert, verstummen alle und gehen dann unter irgendeinem Vorwand auseinander. Bei Schulende warten die drei Mädchen, die den gleichen Weg haben wie sie, bis Julia gegangen ist und trotten dann mit Abstand tuschelnd hinterher. Eines Tages züngelte ihr eine Blindschleiche entgegen, als sie nach der großen Pause den Tornister öffnete, und im Winter war einmal einer ihrer Handschuhe mit Reißnägeln gefüllt. Julia ging jeden Morgen mit Angst in die Schule. Sie konnte im Unterricht auch nicht mehr aufpassen, weil sie sich ständig beobachtet und gleichzeitig ausgeschlossen fühlte. Lange hatte sie versucht, mit einzelnen Mädchen Kontakt aufzunehmen. Aber die haben sie alle auflaufen lassen. – Julia wußte nicht, warum sie ausgeschlossen wurde und zerbrach sich den Kopf darüber. War sie nicht richtig angezogen? War sie streberisch? – Sie wußte nur, daß etwas mit ihr nicht in Ordnung sein konnte, aber was? Manchmal hätte sie am liebsten die Schule geschwänzt.

Dank einer Lehrerin nahm die Geschichte dann doch noch einen positiven Verlauf. Irgendwann vertraute sie sich ihr an. Das erste, was die Lehrerin sagte, tat Julia schon mal gut: »Schule ist nicht das Wichtigste.« Jetzt wußte sie, was mit ihr nicht in Ordnung gewesen war: Sie hatte, als sie vor zwei Jahren hierher zugezogen war, ihre ganze Hoffnung auf die Klasse gesetzt und gedacht, dort Ersatz zu finden für die gute Klassengemeinschaft in dem Ort, an dem sie vorher gelebt hatte. »Ich glaube, die anderen fürchten einfach, daß du sie krallst. Du strahlst das irgendwie aus, daß du so dringend Freunde suchst«, hat die Lehrerin noch gesagt und ihr den Rat gegeben, außerhalb der Schule Kontakte zu suchen. So faßte Julia den Mut, allein in eine Jazztanzgruppe im Jugendzentrum zu gehen, wo sie von Anfang an freundlich aufgenommen wurde. Die meisten dort waren zwar etwas älter als sie, aber nach der ersten gemeinsamen Aufführung gab es ein großes Fest im Jugendzentrum. Alle brachten ihre Geschwister mit, auch jüngere Geschwister, und so entstand die Einladung, in einer Theatergruppe für Elf- bis Zwölfjährige mitzumachen. Die Lehrerin hörte davon und lud die Jugendtheatergruppe in die Schule ein. Ihre ganze Klasse sah zu, wie Julia in einer der Hauptrollen glänzte. Ein paar Tage nach der Aufführung kamen zwei Mädchen in der Pause auf sie zu und fragten, offenbar klopfenden Herzens, wie man in die Theatergruppe komme – das war die Wende. Diese Geschichte ist ein Beispiel für das häufige Mobbing in der Schule.

Schließlich will ich noch von dem zwölfjährigen Milan berichten. Seine Eltern waren aus Polen nach Deutschland gezogen. Milans Mutter stellte ihn in der Sprechstunde der Erziehungsberatungsstelle mit den Worten vor: »Er gehorcht mir nicht.« Für sie bedeutet heile Kindheit, daß das Kind sich führen läßt und sich unterordnet. Diese Werte brachte sie aus Polen mit. Milan, ein aufgeweckter, neugieriger Junge, wußte sehr rasch, daß es hier im Westen anders zugeht. Er fand Freunde – nicht alles edle Vorbilder – und schloß sich auch eine Zeitlang einer Sprayer-

Gruppe an. In der Schule kommt er mit, wenn er Lust dazu hat. Er lebt in zwei Welten: in der seiner Freunde und in der der häuslichen Welt. Seine Eltern verharren in ihren traditionellen Werten, erwarten aber andererseits, daß Milan hier Fuß faßt, gute Schulleistungen nach Hause bringt und sich gleichzeitig ihren Maßstäben anpaßt. Er lebt ständig also in der Verantwortung dafür, diese beiden Welten miteinander integrieren zu müssen. Das ist seine Kindheit. Er soll etwas können, was die Erwachsenen zu tun sich weigern. Er soll sich an zwei gegensätzliche Wertsysteme anpassen. Natürlich geht das schief und deshalb muß Milan in Therapie.

Sehen wir ab von weiteren Dauerbelastungen, denen Kinder heute ausgesetzt sind, wie zum Beispiel die Arbeitslosigkeit der Eltern, die reale Gewalt, die ein Kind etwa auf dem Weg zur Schule erlebt, die Mißhandlung und Vernachlässigung, wie sie heute schon im Kleinkinderalter vorkommt, und sehen wir ab von der emotionalen und auch sexuellen Ausbeutung von Kindern durch Erwachsene. Daneben muß noch eine andere Art von Belastung erwähnt werden, die nicht von außen durch Erwachsene oder andere Kinder an ein Kind herangebracht wird, sondern sich aus der Entwicklung selbst ergibt, die jedoch ebenfalls alles andere als eine glückliche Kindheit schafft. Ich habe hier vor allem die Jungen im Auge, deren Entwicklung ein wesentlich labilerer Vorgang ist als die Entwicklung von Mädchen. Entwicklungsprobleme wie Legasthenie, Einnässen, Stottern, Konzentrationsstörungen, Schulleistungsprobleme kommen bei ihnen bis zu zehnmal häufiger vor als bei Mädchen. Ein Junge zu sein, ist eine höchst unsichere Angelegenheit. Und die Jungen reagieren auf diese Verunsicherung so, wie man es sich traditionell von ihnen erwartet: mit Machogehabe und Großmannsgetue. Sie reden ständig darüber, wie sie Räuber erkennen und in die Flucht jagen, was für ein tolles Auto der Vater hat, welche Waffen sie schon kennen, mit welchen Banden aus den anderen Stadtteilen sie Krieg haben und wie eindrucksvoll sie sich verteidigen können, wenn sie mal angegriffen werden – und gleichzeitig nässen sie noch mit sieben oder acht Jahren ein, kauen an den Nägeln und heulen bei der geringsten Kritik entweder los oder rasten empört aus. Ein Junge zu sein und ein junger Mann werden zu sollen, verunsichert. Und man ist damit sehr allein gelassen. Im Gegensatz zu den Mädchen können Jungen untereinander darüber nicht reden, denn die sozialen und kommunikativen Fähigkeiten sind bei ihnen in der Regel schlechter entwickelt. Und Erwachsene – man höre nur einmal in der Straßenbahn hin – nörgeln ständig an den Jungen herum, selten an Mädchen, und vergrößern damit erstens deren Unsicherheit und zweitens deren Unfähigkeit, über Probleme zu kommunizieren. Denn gerade das ständige Ermahnen und Kritisieren bringt sie dazu, an ihrem Panzer festzuhalten und ihre Scham zu überspielen. Erwachsene sind bei diesem Entwicklungsprozeß selten hilfreich, und oft machen sie alles eher noch schwieriger. – Auch dies hat nichts mit glücklicher Kindheit zu tun.

Wie gehen nun Erwachsene angesichts solcher Realitäten, die sie ja auch wahrnehmen, mit der Norm der heilen, unbeschwerten Kindheit um? Sie tun das, was sie mit Normen immer tun: Sie setzen sie durch. Das heißt, gerade das Festhalten am Mythos der heilen Kindheit bringt den angespannten, detektivischen Blick mit auf alles, was die erwartete Heilheit irgendwie in Frage stellen könnte. Aber wie das mit Detektiven so ist – sie sind sich selten selbst auf der Spur. Statt dessen wird überängstlich alles vom Kind ferngehalten, was dessen glückliche Kindheit beeinträchtigen könnte. Da klebt die Waldorfmutter das Bravo-Heft ihrer zwölfjährigen Tochter an den Seiten zu, wo nackte Personen abgebildet sind. Denn der Anblick von Nacktheit stört ja die heile Welt des Kindes. Da werden ganze Wochenendseminare besucht über die Frage, aus welcher Art Schafwolle Pullöverchen für die Kleinen gestrickt werden sollten – ob aus der Wolle schottischer Schafe, möglichst von einer Insel mit alter iro-schottischer spiritueller Tradition, oder ob es kindgemäßer wäre, Wolle von Schafen zu nehmen, die von einem noch unverdorbenen Schweizer Hirtenjungen fern oben im Tessin gehütet wurden.

Besonders ausgeklügelte Belehrungen erhalten Kinder, wenn sie mal wieder zu McDonalds wollen – denn zu einer heilen Kindheit gehören schließlich Grünkernbällchen und nicht diese »gelben Phosphatstangen«. Wir Erwachsenen wissen eben genau, was zu einer glücklichen Kindheit gehört. Wir wissen, daß eine unbeschwerte Kindheit erst in der Diktatur des Vegetariats möglich ist. Und wenn der achtjährige Max die Teilnahme am Eurythmieunterricht verweigert, weil er, wie er sagt, das »Gehopse« albern findet, dann wird er zur Heilpädagogin gebracht, damit diese ihn zu seinem Kinderglück zurücktherapiert, zu dem offensichtlich unabdingbar die Eurythmie gehört.

Es ist ganz einfach: Ein Kind, das sich nicht so verhält, wie ein glückliches Kind es tun sollte, das sich also so verhält, daß es sein Unglück geradezu heraufbeschwört (siehe Besuch bei McDonalds) – ein solches Kind ist krank und muß therapiert werden. Da haben wir zum Beispiel das »hyperaktive Kind«, das uns in der Schule stört durch unaufgefordertes Dazwischenreden, ständig wechselnde Neugier, das herumzappelt und unter der Bank heimlich mit seinem Gameboy spielt. Dieses Kind muß in kinderpsychiatrische Hände, denn ein glückliches Kind würde stillsitzen, keine dummen Fragen zur Unzeit stellen und nur mit Holzfiguren Bauernhof spielen wollen. Auch muß ein Kind in die Psychiatrie verbracht werden, das sich weigert, vor der ganzen Klasse mit der Lehrerin einen Konflikt auszutragen. Dieses Kind ist bestimmt autistisch, und wahrscheinlich haben seine Eltern versagt. Der Psychiater wird hoffentlich Familientherapie verordnen.

Es fällt auf, daß vor allem in solchen Elternhäusern Kinder mit Sorgen überhäuft und regelrecht zu Problemkindern gemacht werden, die den Mythos der heilen Kindheit besonders hochhalten. Gerade hier ergeben sich – paradoxerweise – aus dem durchsetzenden Umgang mit dem Mythos für das Kind wiederum Belastungen, die alles andere als eine heile Kindheit ermöglichen. Mir fällt besonders die Pathologisierungs- und Therapeutisierungsneigung in solchen Kreisen auf. Im wohltönenden und gefälligen Gewand der klinischen Sorge um das Kind wird dieses bevormundet und manipuliert. Wo man sich gestört fühlt, muß Krankheit vorliegen. Wo der Mythos nicht Realität ist, muß der Psychiater her. Wo das Kind sich nicht anpaßt, muß es in die Erziehungsberatungsstelle. Jeder hantiert heute mit dem Begriff »Verhaltensstörung«, sobald Ideal und Wirklichkeit nicht übereinstimmen. »Verhaltensstörung« ist ein entlastender Begriff. Er hat die Funktion, Familie, Schule und gesellschaftliche Instanzen von kritischen Fragen zu entlasten und peilt statt dessen die Regulierung und Kontrolle kindlichen Verhaltens im Sinne der Erwachsenen und ihrer Normen an. Und er entpolitisiert Sachverhalte, weil er den Blick verstellt auf von Menschen gemachte gesellschaftliche Verhältnisse, die dazu beitragen, daß Kinder gar nicht das erleben *können*, was sie angeblich erleben *sollen*. Ich erinnere exemplarisch an die moderne, kalte Stadtarchitektur, auf die einige junge Leute ja mit gesprayten Parolen antworten. Ich erinnere an die von Politikern und Wirtschaftsführern zu verantwortende Arbeitslosigkeit, die dem Kind das Urbild des tätigen Vaters nimmt. Und ich erinnere an die Sexualisierung der Werbung, die ein gesundes und unbefangenes Hinweinwachsen in Geschlechtlichkeit systematisch stören kann.

Ein Ergebnis der Pathologisierung gesellschaftlicher Mißstände, die in der Diagnose »Verhaltensstörung« zum Ausdruck kommt, ist, daß wir den Mythos als Norm nicht zu hinterfragen brauchen. Die Norm kann weiter gelten. Zwar passen die Kinder kaum noch zu ihr, aber wir wissen wenigstens den Grund: Sie sind krank. – Wie gehen eigentlich Kinder selbst mit dieser Diskrepanz von Ideal und Wirklichkeit in ihrer Kindheit um?

Zunächst einmal unterscheiden sie sich von Erwachsenen darin, daß sie der Diskrepanz mit einem vorgängigen Wohlwollen begegnen, das heißt mit der Bereitschaft, sich mit ihr auseinanderzusetzen. Sie reagieren auf die verschiedenen Belastungsfaktoren nicht mit Verleugnung, sondern begegnen ihnen mit ihren individuellen Möglichkeiten, ihren Stärken und ihren Schwächen. Viele Kinder können glücklicherweise die Probleme einfach an sich ablaufen lassen, die Erwachsene mit sich und der Diskrepanz von Ideal und Wirklichkeit haben. Andere reagieren eher lärmend »auffällig«, also mit dem, was der fachkundige Laie »Verhaltensstörung« nennt. Die »Verhaltensstörung« ist aber nichts weiter als das Resultat der Auseinandersetzung des Kindes mit seiner Umwelt, die ja ihrerseits auch ihre Stärken und Schwächen in die Welt des Kindes hineinbringt. Ein Kind hat natürlich immer seine eigenen Gesichtspunkte, aber es versucht auch, die Erwachsenen zu verstehen. Je nach Temperament steht das eine oder das andere mehr im Vordergrund. Manche Kinder reagieren mit Verantwortungsübernahme und passen sich den Normen an, damit die Erwachsenen Ruhe geben. Manche Kinder sind Antennen für die hintergründigen Probleme der Erwachsenen.

So wird beispielsweise ein sanguinisches Kind, das ständig Geschichten erfindet, in der Kinderpsychiatrie als »pathologischer Lügner« vorgestellt. Läßt man sich aber auf *seine* Sicht der Dinge ein und hört, wie es selbst seinen Lebenszusammenhang erlebt, so erfährt man, daß seine Eltern sich und anderen ständig etwas vormachen. Sie spielen »intakte Familie«, haben innerlich aber nichts mehr miteinander zu tun. Wer also ist »verhaltensgestört«? – Das Kind hatte mit einer seiner Stärken reagiert auf das, was es erlebt hat. Gerade der Sanguiniker hat diese Fähigkeit, über das Wahrnehmungsmäßige hinauszudenken und hinauszuphantasieren, kann sich Alternativen ausdenken und klebt nicht an dem, was ist. So wurde auch dieses Kind zum Geschichtenerfinder und hielt den Eltern damit nur einen Spiegel vor. »Ich kann viel besser Geschichten erfinden als ihr mit eurer Familiengeschichte, die genausowenig wahr ist wie meine Geschichten.« So etwa lautete seine Botschaft.

Viele Kinder durchschauen die untergründigen, unerlösten Motive der Erwachsenen – besonders in deren Umgang mit ihnen. Sie sind allergisch gegen Unechtheit und reagieren mit Frechheit, Zynismus oder innerem Rückzug, wenn man sie für dumm verkaufen will. So berief zum Beispiel eine Lehrerin eine dramatische Fallkonferenz ein, weil sie bei einem zwölfjährigen Schüler ein Pornoheft im Schulranzen entdeckt hatte. Die von den Lehrern erörterten Vorschläge gingen bis zur Unterbringung in die stationäre Psychiatrie. Der Junge selbst, der dabeisein mußte, sah seine Lehrerin am Ende an und sagte trocken: »Sie haben doch selbst ein Problem damit. Sie trauen sich doch gar nicht, über Sexualität zu sprechen.«

Schon im Kindergarten durchschauen viele Kinder den Zweck pädagogischer Maßnahmen und Reglements und weigern sich, sich darauf einzulassen. Sicherlich sind diese typischen sechsjährigen Jungen bekannt, die anfangen zu rülpsen, wenn die Märchenstunde beginnt, oder die frühmorgens, wenn die Kindergärtnerin versucht, eine ruhige harmonische Stimmung herzustellen, indem sie strickend in der Ecke sitzt, mit der Wasserpistole ins Zimmer stürzen und die Kleinen erschrecken. Das sind Kinder, die spüren, daß man sie in ihrer Bewußtseinsentwicklung unterschätzt. Kritisches Gegenüberstehen darf es ja im Kindergartenalter nicht geben, so sagt die Norm. Und auch dies ist Teil des Mythos von der heilen Kindheit. Man hat Angst, daß die Kinder intellektuell werden. Auch ein solches Kind muß natürlich therapiert werden. Denn selbständiges Denken darf auf keinen Fall aufgegriffen oder als Stärke genommen, sondern muß mit klinischen Begriffen entschärft werden.

Man staunt ja manchmal – und ich habe den Eindruck, daß viele Kinder auch staunen –, wie vehement dieser Mythos aufrechterhalten und durchgesetzt wird. Worauf stützt er sich eigentlich? Sicher nicht auf die Wirklichkeit. Wo kommt er her? Aus der Erziehungsberatung ergibt sich mir die Auffassung, daß gerade von solchen Menschen so zäh an dem Mythos als Norm festgehalten wird, die selbst keineswegs eine heile Kindheit erlebt haben. Mit anderen Worten, der Mythos scheint mir Ausdruck einer Sehnsucht der Erwachsenen zu sein, die natürlich legitim ist aber zu nichts führt, weil sie rückwärts gewandt ist und blind machen kann gegenüber der realen Welt der Kinder in der Gegenwart. Auch in pädagogischen und in Therapieberufen findet man verstärkt Menschen, denen genau das persönlich gefehlt hat, was sie nun für die nachfolgende Generation durchsetzen wollen. Das ist ehrenwert und verständlich, aber wenig produktiv, denn sie versuchen etwas durchzusetzen, was sie aus der Praxis nicht kennen und unter Umständen sogar fanatische, sektenhafte Züge annehmen kann. Demgegenüber erlebe ich in diesem Zusammenhang eine gewisse Gelassenheit bei

Menschen, die tatsächlich so etwas wie eine unbeschwerte Kindheit erlebt haben, jedenfalls eine nicht von Erwachsenen und ihren Unerlöstheiten beschwerte.

Der Mythos scheint mir auch Ausdruck einer Sehnsucht nach konfliktfreier und beglückender Elternschaft zu sein. Das ist zunächst nur ein milder Wahn. Schwierig wird es aber, wenn solche Zusammenhänge mit der eigenen Seelenlage nicht bewußt sind und man vor sich so tut, als wolle man da etwas am Kind durchsetzen, was man eigentlich für sich erreichen möchte. Auch das durchschauen Kinder, und dann werden sie »verhaltensgestört«.

Man achte einmal darauf, wie unterschiedlich Erwachsene einerseits und Kinder andererseits die Bücher von Astrid Lindgren auffassen. Während Kinder sie sich gern vorlesen lassen oder selbst lesen, weil sie hier selbständig und in engem sozialen Zusammenhalt geschildert werden, schätzen Erwachsene sie, weil sie hier die literarische Formulierung eines Urbildes von heiler Kindheit zu finden meinen.

Was ergibt sich daraus für die Pädagogik und Entwicklungsförderung? Der Mythos besagt, daß eine Kindheit sorgenfrei sein soll. Das kann man ja auch einmal hinterfragen. Wieso sollte sie sorgenfrei und problemfrei sein? Natürlich *haben* Kinder Probleme, und natürlich sind Kinder mit Problemen *konfrontiert*. Worauf es ankommt, ist nicht, sie wegdefinieren zu wollen, sondern die Kinder dabei zu unterstützen, sie zu meistern, aus ihnen zu lernen und Selbstbewußtsein und zunehmend Autonomie zu beziehen. Die ureigenste Lebenswelt des Kindes enthält und schafft Probleme, und die Auseinandersetzung des Kindes damit ist entwicklungsfördernd. Schwierig wird die Sache da, wo Erwachsene *ihre* Probleme und unerlösten seelischen Nöte in die Welt der Kinder hineintragen. Das sollte vermieden werden. Aber es geschieht eben, und es geschieht gerade durch uns, die wir doch so gerne eine heile Welt für unsere Kinder wollen. Schon die Tatsache, *daß* wir eine solche heile Welt unbedingt wollen, ist ein Problem, das wir an die Kinder herantragen. Erwachsene mit all ihren Schwächen genauso wie mit den Stärken sind ein Teil der Welt des Kindes, so wie das Kind ein Teil der Welt der Erwachsenen ist. Das Kind ist immer bereit, sich mit ihr auseinanderzusetzen, und bringt dabei im allgemeinen wesentlich mehr an Geduld und Toleranz uns gegenüber auf, als dies umgekehrt der Fall ist.

Das Kind ist bereit zur Auseinandersetzung, weil es daraus lernen und sich und die Welt kennenlernen will. Dabei sind Normen, die ihm übergestülpt und vorgepredigt werden, nicht hilfreich, sondern es geht hier um eine lebensweltorientierte Entwicklungsförderung in Familie, Schule und Stadtteil. Lebensweltorientierte Entwicklungsförderung geht aus von der Frage nach der subjektiven Bedeutung des Handelns des Kindes. Ausgangspunkt ist also nicht die Norm, nicht das psychiatrische Klassifikationssystem und auch nicht das Bedürfnis, Vorstellungen über heile Kindheit durchzusetzen, sondern der Blick auf die realen Lebensumstände des Kindes und ihre subjektiven Bedeutungen, die sie für das Kind haben. Dies sei an einem Beispiel näher skizziert.

Fritzens etwas älterer Nachbarjunge hat zum Geburtstag eine Plastikpistole geschenkt bekommen.

Damit spielt er Detektiv in den Hinterhöfen, wo die Kinder der Nachbarschaft immer zusammenkommen. Fritz möchte jetzt auch eine Pistole. Die Eltern reagieren mit Beklemmung und sehen ihr pazifistisches Erziehungsideal gefährdet. Sie setzen in langen und ernsten Gesprächen ihrem Sohn auseinander, daß man auf Menschen nicht schießen dürfe, und lassen durchblicken, daß nur angehende Verbrecher mit Pistolen spielen. – Dann rufen sie den Klassenlehrer an, der einen Kompromißvorschlag macht: Man solle dem Jungen doch Pfeil und Bogen schenken, und zwar so einen Pfeil mit Gummiendstück und einer Zielscheibe dazu, die der Vater ja liebevoll selbst herstellen könne. Damit könne man die bei Fritz offenbar aufkeimenden Aggressionen in eine konstruktive und sportliche Richtung kanalisieren.

Bei Fritz jedoch hat sich die Frage eingeprägt: »Was muß ich für ein schrecklicher oder mindestens schwer gefährdeter Junge sein, daß ich mir so etwas Schlimmes gewünscht habe?« Und als er dann eines Tages mit Pfeil und Bogen und vom Vater selbst ausgesägter Zielscheibe in die Hinterhöfe kommt und der Nachbarsjunge mit seiner Pistole im Gürtel dazutritt, fühlt Fritz sich nur schlecht, lächerlich und nicht mehr dazugehörig.

Um den Lebenszusammenhang des Kindes zu verstehen, muß man die soziale und die seelische Dimension seines Verhaltens zueinander in Beziehung setzen und vor allem auf dessen subjektive Bedeutung blicken, also auf die subjektiven Erklärungsmuster des Kindes, die sowohl Ausgangspunkt als auch das Ergebnis seiner Auseinandersetzungsbereitschaft sind.

Lebensweltorientierte Förderung eines Kindes kann sich deshalb nicht darauf beschränken, das Kind zu therapieren, sondern wird zumindest verstehend auf diese Dimensionen seines Lebenszusammenhanges eingehen, wie es sie eben sieht. Intervenieren wird man nur in Abstimmung mit den Intentionen des Kindes anstatt ausgehend von den Normen und Idealvorstellungen der Erwachsenen.

Kinder sind eine Bevölkerungsgruppe, die besondere und bestimmte fördernde Bedingungen braucht, um in Würde ihr Bestmögliches entfalten zu können. Sie sind eine »Minderheit«, wie die alten Menschen es sind, die Alleinerziehenden, die Singles und so weiter. Ich glaube nicht, daß wir das Recht haben, Kinder *zu* etwas zu erziehen. Vielmehr haben sie ein Recht darauf, daß Erwachsene verantwortlich ihr Leben führen, so daß sie sich damit auseinandersetzen können – nicht mit dem Ziel der Anpassung, sondern mit dem Ziel, eines Tages den eigenen Weg zu finden. Je weniger wir auf den Schwächen des Kindes herumreiten und je weniger wir bestimmte, aus unserer Sicht nicht kindgemäße Lebensumstände verteufeln – je mehr wir also die Tatsachen anerkennen –, um so mehr werden wir die Stärken des Kindes sehen und sie herausfordern können. Es geht nicht darum, bezüglich des Ideals der heilen Kindheit zu resignieren, sondern es geht darum, Kinder zu stärken in ihrer Auseinandersetzung mit der heutigen Welt. Fördern und stärken wir Kinder also nicht aus Normen heraus, sondern aus *ihrer* Orientierung an der realen Lebenswelt!

Wenn jemand diese Lebenswelt nicht in Ordnung findet, muß er in die Politik gehen, in die gesellschaftliche oder parteiliche Arbeit. Erwachsene haben diese Lebenswelt geschaffen. Sie ist theoretisch auch durch Erwachsene änderbar. Aber Kinder können sie nicht ändern. Sie finden sie vor und versuchen das Beste für sich daraus zu machen. Unterstützen wir sie dabei. Ich leugne natürlich nicht, daß es behandlungsbedürftige und unterstützungsbedürftige Kinder gibt – zum Beispiel nach bestimmten Traumatisierungen, bei bestimmten chronischen Schwächen oder Behinderungen. Aber es gibt wesentlich mehr behandlungsbedürftige und unterstützungsbedürftige Erwachsene. Kinder versuchen mit ihrer Realität fertig zu werden. Viele schaffen es ja. Man kann sie eigentlich nur bewundern. Pädagogik und Entwicklungsförderung ist heute für mich der Versuch, als Erwachsener das Kind ernst zu nehmen und gleichzeitig ein autonomes erwachsenes Individuum zu bleiben. Meines Erachtens ist dies auch das, was Kinder brauchen und suchen.

Der junge Mensch an der Schwelle zum nächsten Jahrtausend

Chancen und Grenzen von Erziehung heute

Immer dringender stellt sich die Frage, was junge Menschen an der Schwelle zum nächsten Jahrtausend von uns erziehenden Erwachsenen erwarten dürfen. Mein Beitrag zu dieser Fragestellung stellt keine wohl abgerundete Aussage dar, sondern soll zum Querdenken einladen. Ich möchte ein paar erziehungskritische Gesichtspunkte erörtern, die sich mir aus der praktischen Arbeit mit jungen Menschen und in der Erziehungsberatung ergeben haben. Ich sage »Gesichtspunkte« und nicht »Feststellungen«. Das heißt, ich bin mir der Diskussionsbedürftigkeit meiner Thesen bewußt.

Als Motto sei der Ausspruch eines Menschen aus dem Ruhrgebiet vorangestellt. In der Straßenbahn hatte ich ein Gespräch zwischen zwei Arbeitern mitbekommen, die über ihre Kinder und über Erziehung sprachen. Nachdem der eine ausführlich seine Methoden und Grundsätze formuliert hatte, fragte er seinen Kollegen: »Und wie erziehst du deine Kinder?« Dieser dachte lange nach. Schließlich sagte er ernst: *»Ich erziehe nicht, ich bin da.«* Ich werde auf dieses Motto zurückkommen.

Um meine Überlegungen entwickeln zu können, beginne ich mit einem Phänomen, das rein statistisch gesehen nur einen kleinen Teil der jungen Menschen betrifft, dessen nähere Betrachtung uns aber mitten ins Thema führen kann: Gewaltbereitschaft, Rechtsradikalismus und Drogenkonsum unter Jugendlichen. Es ist doch erstaunlich, daß es unter Erwachsenen, ebenfalls rein statistisch gesehen, sehr viel mehr und weitergehende Gewaltbereitschaft und Kriminalität, Ausländerhaß und Drogenkonsum gibt als unter Jugendlichen. In den Medien ist davon aber fast nur die Rede, sofern es junge Menschen betrifft; und hiervon ist das öffentliche Bewußtsein nachhaltig geprägt worden. Heranwachsende, die zu diesen Extremen neigen, werden von uns verurteilt oder zumindest mit sorgenzerfurchter Stirn angeblickt und sind immer wieder Gegenstand mehr oder weniger hilfloser jugendpädagogischer Projekte. In Wirklichkeit geht es dabei aber meist darum: Diese Jugendlichen sind uns Gegenstand. Das heißt, indem wir sie verurteilen, ohne zu sehen, daß wir von diesen Extremen als Erwachsene wesentlich tiefer erfaßt sind, distanzieren wir uns von ihnen. Das ist äußerst praktisch, denn mit der Verurteilung halten wir uns die eigenen Probleme vom Leib. Indem wir uns von den betroffenen Jugendlichen moralisch distanzieren oder sie für irgendwie krank oder sonst nicht ganz bei Sinnen erklären, können wir uns ihnen empört gegenüberstellen. Wir brauchen uns dann selbst nicht mehr zu fragen, wie es mit *unserer* verbalen oder tätlichen Gewaltbereitschaft, *unseren* Ausländervorbehalten und *unserem* Alkohol- oder Kokainkonsum aussieht. In solch distanzierendem Umgang mit diesen Randphänomenen spricht sich meines Erachtens etwas Grundsätzliches aus. Verhaltens- und Denkweisen von jungen Menschen, mit denen wir nicht zurechtkommen, die uns hinterfragen, unsere Werte und Weltanschauungen in Frage stellen oder vielleicht sogar falsifizieren, werden klinisiert, das heißt je nach Beruf und Weltanschauung als Ausdruck seelischer Traumata, als Ausdruck irgendeiner Krankheit oder – sogar das kommt vor – als Manifestation des Bösen schlechthin aufgefaßt. Auch das ist praktisch, denn damit brauchen wir uns ebenfalls nicht mehr persönlich angesprochen zu fühlen. Und je nach Beruf oder Weltanschauung reagiert man mit der Verordnung von Maßnahmen: heilpädagogische Behandlung, Psychiatrie, Heileurythmie und so weiter. Kann man sich die tiefe Kränkung und das elementare Gefühl, zurückgewiesen zu sein, vorstellen, das sich bei jungen Menschen einstellt, auf die in der skizzierten Weise reagiert wird? Was kann es für sie heißen, wenn wir alles, was ihnen auf ihrer Suche nach Individualität und nach dem künftigen Sinn ihres individuellen Lebens im Moment wichtig ist, teils aggressiv, höhnisch, teils moralisierend abqualifizieren? Ob es Techno-Musik, der erste Computer, Fußballspiel oder Piercing ist – wir reagieren immer mit unseren ausgereiften Urteilen, und das heißt meistens verurteilend – und je geschlossener unser pädagogisches Menschenbild ist, um so selbstsicherer. Was kann sich denn angesichts solch hochmütiger Distanzierung bei den jungen Leuten anderes einstellen als das Gefühl, als Individuen, die noch auf der Suche sind, nicht gewollt zu sein?

Aus solchen Verurteilungen entsteht nichts, was den Heranwachsenden in ihrer Entwicklung weiterhilft. Auch für den Dialog mit uns Erwachsenen sind sie wenig hilfreich. Sie stellen vielmehr eine Form pädagogischer Gewalt dar. Um Mißverständnissen vorzubeugen: Ich befürworte weder den Drogenkonsum junger Leute, noch teile ich ihre irrationale Fußball-begeisterung, und Techno-Musik finde ich persönlich schwer erträglich. Aber daß man sich dazu erhebt, aus dem eigenen Erleben pädagogische Kriterien abzuleiten, aus denen dann nichts als Verurteilungen und Zurückweisungen folgen – das ist Gewalt!

Erwachsene sind durch die jugendliche Kraft ins Alter gedrängt; sie haben diese Kraft der Zukunftsorientiertheit, dieses Suchen und Werdenwollen nicht mehr. Kann es sein, daß wir kränken, weil wir gekränkt sind? Kann es sein, daß wir junge Menschen diesbezüglich als defizitär abqualifizieren, weil wir angesichts ihrer ungebrochenen Lebenskraft vermeiden wollen, uns des Übermaßes an Geformtheit und Festgelegtheit bewußt zu werden, das uns Erwachsene ausmacht? Könnte es sein, daß Erwachsene häufig überfordert sind angesichts der Handlungen und Einstellungen Jugendlicher? Und könnte es ferner sein, daß es sich schlecht mit unserem Selbstbild verträgt, Wegweiser und Leitbild für die Jugend sein zu wollen? Lassen wir uns deshalb so gern von destruktiven Handlungen kleiner jugendlicher Randgruppen faszinieren? Haben wir darin nicht eine Rechtfertigung für unsere generelle distanzierende und ablehnende Haltung Heranwachsenden gegenüber? – Ich persönlich beantworte diese Frage mit ja.

Man beachte einmal zum Beispiel in der Straßenbahn, im Supermarkt, an Ausflugsorten oder im häuslichen Alltag: In 90% der erzieherisch gemeinten Interaktionen zwischen Erwachsenen und Kindern, besonders zwischen Erwachsenen und Jungen, steckt die Botschaft: »Du denkst falsch, du fühlst falsch, du bist nicht in Ordnung.«

Viele Eltern haben sich in eine lediglich reagierende, defensive Pädagogik zurückgezogen, und viele Lehrer sehen Pädagogik nur noch reparativ. Man hat Angst vor der Grenzüberschreitungsneigung der jungen Leute, vor bereits stattfindenden oder befürchteten Exzessen. Das ist heute vielerorts die Grundlage von Erziehung. – Was aber verstehen wir unter »Exzeß«, besonders wenn wir Jugendliche damit in Verbindung bringen? Gibt es diesbezüglich nicht viel mehr und Extremeres unter Erwachsenen? Alkoholismus, ungewollte Schwangerschaft, sexuelle Ausschweifungen, kriminelle Gewalt – das sind primär Phänomene einer Erwachsenenwelt, die sich genau das erlaubt, wovor sie Jugendliche meint warnen oder beschützen zu müssen. Denken wir im Ernst, sie würden das nicht durchschauen?

Was ist es, das den Erwachsenen so herausfordert, daß er oft nur noch distanzierend und verurteilend reagieren kann? Auch ich bin der Überzeugung, daß Erwachsene es mit Kindern und jungen Leuten in bestimmter Hinsicht heute schwieriger haben als noch die vorhergehende Generation. Wir haben zweifellos schon sehr früh sehr starke Persönlichkeiten vor uns. Der starke Ich-Impuls, der unsere Zeit durchzieht, kommt bei den jungen Menschen zunächst als Eigensinn oder als Sammelsurium ausgeprägter Eigenarten und Einseitigkeiten daher. Wir haben es mit Individualitäten beziehungsweise mit ihren Vorformen zu tun; und mit Menschen, die sich schon sehr früh innerlich von der Wertewelt der Erwachsenen oder der Eltern distanzieren und zu einer eigenen streben, die sie sich selbst aber noch gar nicht genau vorstellen können.

Wichtig ist, daß »starke« nicht gleichbedeutend mit »geformte« Persönlichkeit ist. Aus diesem Unterschied ergibt sich das ganze Erziehungsdrama. Denn junge Menschen sind starke Persönlichkeiten, die in sich einen enormen Willen zum Eigensein verspüren, einen Drang und Auftrag, ihre mitgebrachten Talente auf die Erde zu bringen, die aber noch nicht wissen, wie und wo. Das ist die Herausforderung für uns Erwachsene. Jugendliche suchen Formung, Widerstand und Auseinandersetzung mit gereiften Persönlichkeiten, welche als ein Ich dastehen und nicht bei jeder Provokation in einer Elternzeitschrift nachlesen müssen, wie sie reagieren sollen.

Das Ich sucht immer das Ich. Die Individualität sucht die Individualität. Und jede Individualität weiß, daß sie ihrem Wesen nach eine Werdende ist. In welchem Lebensalter ist den Menschen das noch so bewußt wie in der Jugendzeit? Der Erwachsene, der sich in einem Netz von Rollen, Traditionen, Erfahrungen und sozialen Beziehungen festgezurrt hat, hat das oft vergessen. Insofern »weiß« der junge Mensch heute mehr als der Erwachsene, der meint, ihn erziehen zu müssen. Kinder stellen uns heute vor die Frage nach der eigenen Individualität und damit nach unserer Werde-Fähigkeit. Sie wissen schon sehr früh, was individuelles Leben, was individuelles Schicksal ist und wollen an den Erwachsenen Beispiele dafür erleben. Dies allerdings nicht, um es untertänigst nachzumachen, sondern um sich daran zu reiben und zu messen. Die jungen Leute spüren in sich die grenzüberschreitenden Kräfte, die jede Entwicklung mit sich bringt, und wollen Beispiele vor Augen haben, daß es gut geht, wenn einer über das, was er bisher ist, hinausgeht. Natürlich werden sie sich dazu auch kritisch stellen. Der Zweifel umkreist die Dinge, bevor es zum Zupacken kommt. Daher kommt es zunächst auch nur zu »Probe-Identifikationen« mit Idolen etwa aus der Welt der Rock-Musik, der Sportwelt, der Modewelt oder dem Filmgeschäft. Das ist nie endgültig, sondern Ausdruck einer dringlichen Suche: Worin wird einst *meine* Individualität, *meine* individuelle Biographie bestehen?

Angesichts dieser manchmal etwas oberflächlichen Suche nach Identifikationsmöglichkeiten und der provozierenden Frage nach uns als Gewordene und Werdende, neigen Erwachsene leicht dazu, die ihnen nicht ganz geheueren neuen Aktivitäten ihrer Kinder in völlig überzogenem Maß einzudämmen und zu bremsen. »Geht ja nicht zu weit«, »Achtet, was ich geworden bin« – das sind häufige Botschaften. Wir sind verunsichert, manchmal sogar eingeschüchtert und reagieren mit pädagogischen Maßnahmen.

Das Individualitätsstreben will geformt werden und Beispiele der Formung haben, damit es fruchtbar werden kann. Was es *nicht* braucht, sind fertige Vorbilder. Jeder, der denkt, er sei ein Vorbild für junge Menschen, ist schon deswegen keines, *weil* er das denkt. Was Vorbild sein kann, können Heranwachsende nur selbst suchen und bestimmen, und sie müssen auch wieder Abstand davon nehmen dürfen. Wir aber sind damit beschäftigt, ihnen ständig irgendwelche Auffassungen und Werteinstellungen nahezulegen und reagieren beleidigt oder mit der eingangs beschriebenen Distanzierung, wenn sie diese nicht übernehmen.

Nun gibt es meines Erachtens einen bestimmten Grund, warum Jugendliche dasjenige, was wir ihnen

34

beibringen wollen, nicht übernehmen oder sogar ablehnen. Meine These ist: Sie lehnen alles ab, was aus
ihrer Sicht nicht individuell durchdrungen ist. Gerade weil sie selbst schon diesen starken Individuali-
tätssinn haben, reagieren sie allergisch auf alles Un-
echte, phrasenhaft Überhöhte und Vorgeschobene,
hinter dem sich das Individuelle nur verbirgt. Sie
durchschauen, daß eine große Lücke zwischen An-
spruch und Wirklichkeit klafft – bei einzelnen Menschen ebenso wie gesamtgesellschaftlich. Dies ist für
sie zunächst schmerzvoll, dann Gegenstand von
Ohnmacht und schließlich Anlaß zum Rückzug. Ein
Betrogenheitsgefühl stellt sich ein, denn sie durchschauen es, wenn eine ihrer selbst unsichere Individualität sich hinter allgemeinen Regeln von Moral,
Tradition, hinter Gruppennormen, Weltanschauungen und pädagogischen Techniken versteckt.
Sie durchschauen aber auch die Hohlheit unserer
Mythen. Dies sei an einigen Beispielen näher erläu-
tert. Bei vielen Menschen wird der Mythos von der
heilen, behüteten Kindheit gepflegt. Die Kinder
durchschauen jedoch längst, wie unwahr er ist. Und
sie reagieren meines Erachtens zu Recht sperrig,
wenn ihnen im Namen solcher Mythen irgendwelche
Tätigkeiten oder Unterlassungen nahegelegt werden.
Die Hälfte aller Kinder hat heute getrennt lebende
oder geschiedene Eltern. Sie erleben zu Hause Alkoholismus, physische Gewalt, und sie erleben sexuellen Mißbrauch in der Familie. Sie wissen, wenn der
Vater heimlich eine Freundin hat; sie sind das Tau, an
dessen beiden Enden zerstrittene oder getrennt lebende Eltern jeweils ziehen. Sie werden von allein
gelassenen Ehefrauen oder Ehemännern als Ersatz-

partner herangezogen; sie sind Projektionsleinwand von unausgegorenen Seelenregungen ihrer Eltern, und sie bekommen die um sich greifende finanzielle Not mit, um nur einige Wahrnehmungen zu benennen. Wie können wir uns trauen, vor ihnen den Mythos von der schönen Kindheit zu behaupten und zu inszenieren?

Kindheit ist für viele Menschen niemals schön gewesen, und sie ist es auch heute über weite Strecken nicht. Wo sie als schön erlebt wird, handelt es sich um Inseln im Alltag, die in der Regel »erwachsenenfreie« Zonen sind.

Kinder und Jugendliche erkennen das entwicklungsfeindliche und antiindividuelle Fluidum einer mit psychologischem Druck durchgesetzten Harmonie, sei es in der Familie, in einer Kirchengemeinde oder sei es im Kindergarten. So geraten zum Beispiel bestimmte Kinder im Waldorfkindergarten gerade in den Momenten außer sich, in denen der Erwachsene eine harmonische Situation herstellen will, wie etwa zu Beginn des Märchenkreises. Und sind nicht auch die Jungen bekannt, die sich rülpsend in den Gruppenraum fläzen, wenn zur Adventszeit der Kindergarten schon am frühen Morgen in zartes, erwartungsvolles Adventslicht getaucht ist und die Kindergärtnerin in einer solch heiligseinwollenden Situation die Kinder mit einem pentatonischen Liedchen empfängt? – Die übliche Antwort darauf ist der Vorschlag: Heileurythmie.

In der Waldorfschule, gewiß aber auch in manchen kirchlichen Kreisen, bei Familienfeierlichkeiten oder dergleichen, lassen sich ähnliche Beispiele finden. Kinder spüren, daß die Vorgeordnetheit des Allgemeinen und angeblich Höheren, die Vorgeordnetheit der Institution und der Gruppe gegenüber dem Individuum veraltet ist und für die werdende Individualität nicht Leitbild, sondern allenfalls Reibungsfläche sein kann. Sie kennen auch die zunehmende Hohlheit des Familienmythos oder des Ehemythos. Sie erfassen genauestens die untergründigen Spannungen und Enttäuschungen zwischen den Eltern und machen sich ihre eigenen Gedanken darüber. Sie erkennen die Hilflosigkeit der Erwachsenen den Zeitproblemen gegenüber und auch deren pädagogische Hilflosigkeit. Den Eltern zuliebe tun sie häufig so, als würden sie es nicht bemerken. Und – so glaube ich – auch in der Waldorfbewegung müssen wir aufpassen, daß das System nicht den Vorrang vor der Förderung des Individuums bekommt. Alle Organisationen, Systeme, Religionen und Weltanschauungen haben eine Tendenz zur Selbststabilisierung, die sich immer dahingehend auswirkt, daß das Individuelle als störend, krank, wenn nicht sogar als böse aufgefaßt wird. Jedes System lädt das Individuum – besonders das noch nicht in sich gefestigte – entweder zu einer Überidentifikation ein, und das heißt zur Aufgabe seines individuellen Denkens und Handelns, oder zum Widerstand, und das heißt zum provokativen und schrillen Durchsetzen des für individuell Gehaltenen.

Die Kinder durchschauen auch das Moraline unserer Werte; sie wissen, daß es eine stabilisierende Funktion für uns hat und damit der Individualisierung entgegensteht. Ab der Pubertät durchschauen auch Waldorfschüler, daß das Waldorfsystem häufig nur mit Selbst- und Fremdausbeutung funktioniert. Das mag

einige beeindrucken, und einige mögen daran über-
zeugende Beispiele für persönliches Engagement haben, aber sie wollen nicht unablässig diese heroische
Selbstlosigkeit vorgeführt bekommen, welche unter-
schwellig die Grundmelodie der real existierenden
Waldorfbewegung ist.

Um diese Überlegungen zuspitzen zu können, greife
ich zurück auf den Vortragszyklus *Das fünfte Evan-
gelium* von Rudolf Steiner. Er beschreibt dort die
jüdische Gemeinschaft der Essener zur Zeit Christi,
ihre spirituelle Lebenspraxis und ihre hohe moralische Reinheit. Er legt dar, wie diese Gemeinschaft
alles Unreine und Böse aus ihrem Handeln und
Denken verbannen wollte, um die menschliche
Sphäre durchgeistigen zu können. Dann macht er
aber aufmerksam auf ein damals übersehenes geisti-
ges Problem, das er in diesem Vortragszyklus mehr-
fach und in verschiedenen Formulierungen sinngemäß so ausdrückt: »Das Böse sitzt auf den Zinnen
der Stadt.« Dies soll heißen, daß die Essener zwar
das Unreine und Böse aus ihrer Mitte weitgehend
heraushalten konnten, aber es war deswegen nicht
aufgelöst oder gar überwunden. Nein, es saß auf den
Zinnen der Stadt. Das ist bildlich gemeint: Das
Böse, verbannt aus dem Bewußtsein – etwas salopp
darf man vielleicht sagen: weggebetet und wegmedi-
tiert – lauert nun in völlig unkontrollierter Weise
auf den »Zinnen der Stadt«, an den Grenzen der
Gemeinschaft und kann jederzeit außerhalb, also bei
allen Nicht-Essenern, mit vielleicht um so größerer
Wucht und Zerstörungskraft und ungehindert seine
Wirksamkeit suchen und finden. Das ist das Esse-
ner-Problem.

Kommen wir zur Gegenwart zurück. Was hat es damit auf sich, wenn beispielsweise der halbwüchsige Sohn einer betont harmonischen Familie, der eine wohlbehütete Kindheit erlebt hat, von dem alles Problematische, Krisenhafte ferngehalten wurde – wenn gerade er Gefallen an satanischen Ritualen findet? Was hat es damit auf sich, wenn die Tochter einer betont christlichen Familie mit hohen ethischen Standards sich schon mit vierzehn Jahren der sexuellen Promiskuität hingibt? Was hat es damit auf sich, wenn der Sohn geistig strebender Eltern sich dem plattesten Materialismus verschreibt, und wenn sich der Sohn von politisch links engagierten Eltern, die zu Hause Toleranz gegenüber Minderheiten üben und die multikulturelle Gesellschaft als Wert hochhalten, den Neonazis anschließt? Könnte es sein, daß solche Kinder das Böse auf den Zinnen der Stadt gesehen haben? Wenn man für »Stadt« hier die Familie und ihre ausgearbeitete, manchmal dringlich hochgehaltene Wertewelt nimmt, dann können wir doch in solchen Phänomenen eine Reaktion auf die moderne Form des Essener-Problems sehen.

Wir können das durchaus allgemeiner fassen: Jede Menschengruppe, die sich auf bestimmte Werte festlegt, hat ihr eigenes »Böses«, das sie um so gebieterischer auf die Zinnen der Stadt verweist, je ausgearbeiteter und bewußter das Wertesystem ist. Das gilt für die Familie ebenso wie für kirchliche oder Weltanschauungsgemeinschaften, für Traditionsvereine wie für Parteien und natürlich auch für die Gesellschaft als Ganzes. Tatsachen und Vorgänge, die zur eigenen Religion, Weltanschauung oder Wertewelt nicht passen, sind immer in Gefahr, nicht zur Kenntnis genommen, verbannt, verteufelt zu werden, und eben deshalb können sie unkontrollierte Wirksamkeit entfalten.

Und nun sind diese jungen Leute da.

Aus ihrem starken Authentizitätsbedürfnis und ihrem feinen Sinn für das individuell Durchdrungene entlarven sie solche Verleugnungen des Bösen beziehungsweise des vermeintlich Bösen. Sie sehen es auf den Zinnen der Stadt.

Es ist meine These, daß die zu Extremen, häufig ja auch zu destruktiven Extremen neigenden Jugendlichen den jeweiligen Mitgliedern der »Stadt« die Auseinandersetzung mit dem Bösen meinen abnehmen zu müssen. Sie holen es auf ihre schrille, übertriebene, provokante Art wieder herein und sagen: *»Ihr Bürger der Stadt, ihr könnt das, was ihr für böse haltet, nicht aus eurer Gemeinschaft verbannen, weil es uns allen sonst entgleitet und zu einem objektiv Bösen und Spaltenden mutiert. Seht her, ich verkörpere es. Ich greife es auf und führe es euch vor. Jetzt setzt euch damit auseinander. Setzt euch mit mir auseinander.«*

Könnte es sich daher nicht sogar als sinnvoll erweisen, wenn junge Menschen zu den eingangs skizzierten Extremen neigen – trotzt aller Übertreibungen und gefährlichen Eigendynamik? Könnte es sein, daß sie damit, natürlich ganz unbewußt, etwas *für uns* tun wollen? Und könnte es schließlich auch sein, daß sie sehr genau spüren, daß sie die Zukunft, der sie ja viel näher sind als wir, nur meistern können, wenn sie sich mit dem Bösen auseinandersetzen anstatt es auf die Zinnen der Stadt zu verbannen? Da durchbohren sie sich – ich persönlich finde den Anblick scheußlich – die Augenbrauen, die Zunge, die Wangen mit Metallringen. Wir Erwachsenen lehnen es ab, machen uns vielleicht darüber lustig und empören uns. Und wenn nun in solchen kontrollierten Selbstverstümmelungen eine Art Initiationsbedürfnis liegt? Vielleicht wollen sie eine Gefährdung, eine das Ich des Menschen gefährdende Macht, die sie kommen spüren, dadurch neutralisieren, daß sie sie in einer symbolischen und absichtsvollen Weise vorwegnehmen. Könnte der Knopf in der Backe vielleicht heißen: »*Ich spüre, daß unsere Zukunft gewaltige, das Ich zersetzende Kräfte bringen wird. Deshalb will ich mich vorbereiten, ich will, indem ich jetzt einen kleinen Schmerz, eine kleine Selbstverstümmelung aushalte und dokumentiere, mir und euch zeigen, daß ich dennoch bestehen und daß das Böse, von dem ihr uns immer fernhalten wollt, mir nichts anhaben kann.*« – Falls diese Annahme über die unbewußten Motive zutrifft, was bedeutet es dann, wenn Eltern und Lehrer abwertend, entsetzt oder zynisch reagieren? Ein elementares Nicht-Ernstgenommenwerden wird damit vermittelt; eine Entwertung der Zukunftsausrichtung.

Der Fünfzehnjährige, der sich satanischen Messen anschließt, ruft natürlich zunächst unser Entsetzen hervor, und besonders religiös oder spirituell geprägte Erwachsene werden den Leibhaftigen selbst am Werke sehen. Aber das sind Reaktionen, mit denen Jugendliche nichts anfangen können, weil sie ja nur aus dem Bestreben kommen, unsere Kinder von solchen Dingen fernzuhalten.

Wäre es denn nicht möglich, auch einmal anders zu reagieren? Könnten wir einmal versuchen – egal wie unbeholfen und mit wieviel Herzklopfen – das aufzugreifen, was in solchen abseitigen Begeisterungen liegen kann? Könnte man zu einem solchen Jugendlichen auch einmal ungefähr so sprechen: »Weißt du, womit du dich da beschäftigst, das wollte ich selbst nie ins Auge fassen. Ich sehe einerseits deinen Mut, auf diese Dinge zuzugehen, aber ich habe andererseits auch Angst, daß es dich überwältigen könnte. Ich jedenfalls wäre womöglich in Gefahr, überwältigt zu werden. Du willst dem Bösen ins Auge blicken, du willst es sogar handhaben, wie ich sehe. Ich erkenne, daß du versuchst, standzuhalten. Vielleicht lernt man das auf deine Weise tatsächlich besser als auf meine ängstliche Weise.« So könnten wir in ein ernstnehmendes Gespräch über diese Dinge eintreten, in dem wir nicht schon wieder Auffassungen nahelegen, nicht schon wieder warnen möchten und nicht schon wieder Urteile hinstellen.

Hierzu können wir uns Rudolf Steiner zum Vorbild nehmen, der in seinem konkreten Umgang mit jungen Menschen nicht von vorgefertigten Urteilen ausging, sondern sich mit ihren Gesichtspunkten auseinandersetzte und sich mit ihnen gemeinsam ein Urteil gebildet hat. Folgende Episode, die kürzlich auch in der Zeitschrift *Erziehungskunst* noch einmal erwähnt wurde, kann das belegen: Schüler der ersten Waldorfschule suchten eines Tages sehr dringlich das Gespräch mit ihm. Er setzte sich mit ihnen zusammen und bat sie, ihr Anliegen zu formulieren. Sie sagten ihm, daß sie nach ihrer Auffassung unterfordert seien, zu wenig lernten und sich deswegen zu einigen Lehrern nicht so achtungsvoll stellen könnten, wie sie das eigentlich selbst wünschten. Es gab ein ausführliches und offenes Gespräch, dessen Ergebnis war, daß Steiner vier Lehrer dieser Klasse durch andere ersetzt hat. – Das meine ich mit »ernst nehmen«. Rudolf Steiner nennt das »sich gemeinsam mit den Kindern ein Urteil bilden«. *Gemeinsam* also und nicht vorgängig *über* die Kinder.

Nehmen wir ein harmloseres Problem. Wie ist das mit den Sprayern? Könnte es sein, daß sie auf die unmenschliche, öde und seelenlose Architektur hinweisen und ihr eine Art Besitznahme – aber eben auf ihre eigene individuelle Weise – entgegenhalten wollen?

Auch aus dem Waldorfzusammenhang – ebensogut könnte man hier an bestimmte katholische Kreise denken – lassen sich Beispiele anführen, die ähnliche Gedanken nahelegen. Wie bei jeder Weltanschauung, so gibt es auch hier die Gefahr, zu dämonisieren, was vor dem Hintergrund unserer Wertewelt nicht sein dürfte. Mit anderen Worten: Manches wird für böse erklärt, was für andere entweder gar nicht böse ist beziehungsweise von ihnen nicht als solches erkannt wird oder jedenfalls nicht in der geistigen Tragweite gesehen wird, wie das Anthroposophen ja sehr gut können. So laufen auch wir in der Waldorfschule Gefahr, das Böse, über das wir schließlich zahlreiche Vorträge gehört haben, auf die Zinnen der Stadt zu verbannen – in diesem Fall auf die Mauern des Schulhofs. Da werden Kindern Bravo-Hefte weggenommen wegen ihrer sittlich bedenklichen Fotos und Texte. Glaubt man im Ernst, dies könnte ein erzieherischer Vorgang sein? Denken wir wirklich, die Kinder würden ihr gerade erwachtes Interesse am Geschlechtlichen wieder vergessen, weil wir ihnen solche Hefte wegnehmen? Müßten wir nicht im Gegenteil es aufgreifen, wenn eine Zwölfjährige eine »Bravo« in die Schule mitbringt, und sie bitten, sie auf den Tisch zu legen und allen zu erzählen, was ihr daran gefällt und was vielleicht nicht? Ist solch dümmliche Lektüre nicht gerade deswegen interessant, weil wir Erwachsenen mit all diesen Themen, die »Bravo« so unverfroren zur Darstellung bringt, unsere eigene Not und Unsicherheit haben? Fordern uns die Kinder vielleicht auch hier bei aller Unreife und sicher in wenig konstruktiver Form etwas ab, womit eigentlich wir – und zwar wir ganz persönlich – uns doch ganz anders auseinandersetzen müßten?

Und dann das ärgerliche Beispiel Fußball. Es gibt immer noch Waldorfschulen, an denen Fußball verboten ist, und es gibt immer noch Waldorfpädagogen, die gleich den Beelzebub am Werk sehen, wenn Schüler nach einem Spiel der Borussia Dortmund in gelb-schwarz zur Schule kommen. Es ist hier jedoch bemerkenswert, daß Rudolf Steiner gerade in bezug auf solche Sportarten empfohlen hat, daß die Schüler das leben und mitmachen sollen, auch im Rahmen der Schule, was zu ihrer Lebenswelt gehört.

Vor einiger Zeit konnte man in einem schweizerischen Wochenblatt einen dämonisierenden und anmaßenden Artikel lesen, in dem behauptet wurde, Fußball habe seinen Ursprung darin, daß ein englischer König in der Schlacht den Gegner enthauptet und man danach dessen Kopf über den Rasen gekickt habe. Das nenne ich eine Dämonisierung, die etwas für böse erklärt und es auf die Zinnen der Stadt verbannt. Abgesehen davon, daß dies nicht der Ursprung des Fußballs ist – er hat, wie alle Ballspiele, seinen Ursprung in alten rituellen Ballspielen, wie es sie zum Beispiel bei den Indianern heute noch gibt –, haben wir es hier mit einer heillosen pädagogischen Geste zu tun, die einer Entwertung der Lebenswelt des Kindes gleichkommt.

Kehren wir zu ernsteren Abspaltungen zurück. Themen wie Aids, Homosexualität, Gewalt – all dies möchte man so gern von jungen Menschen fernhalten. Für sie bedeutet das jedoch: Die Erwachsenen wollen uns von etwas abhalten, von dem wir genau spüren, daß wir es damit zu tun haben werden, daß wir werden lernen müssen, ihm standzuhalten. Heranwachsende befassen sich mit dem Bösen, Extremen, Gefährlichen, Unreinen, weil sie die *ganze* Wahrheit kennen lernen wollen. In der Auseinandersetzung damit suchen sie die Souveränität, und die werden sie gewiß auch brauchen. Sie holen das Böse oder das, was wir für Böse erklären, von den Zinnen der Stadt wieder herein und versuchen, sich ihm zu stellen und es handhaben zu lernen – und zwar als Individuum. Sie wissen genau, daß gerade die geschlossene Gruppe dann nicht vor dem Bösen schützt, wenn sie es kollektiv einfach ausblendet.

Um Mißverständnissen vorzubeugen: Ich empfehle natürlich nicht, Böses oder auch nur Unwürdiges an junge Menschen heranzutragen. Ich bin aber sicher, daß wir ihre Versuche, sich dem Bösen individuell zu stellen, ernst nehmen und vor allem anerkennen müssen.

Sie tun es in gewisser Weise auch für uns. Wo *wir* es nicht tun, tun *sie* es. Viele junge Leute setzen damit einen Impuls aus sich heraus in die Tat um, den Rudolf Steiner sinngemäß so formuliert hat: »Es ist

Aufgabe des Menschen im Bewußtseinsseelenzeitalter, sich mit dem Bösen auseinanderzusetzen.« Er hat eben nicht gesagt, »...das Böse zu vermeiden oder ihm einfach aus dem Weg zu gehen«. Es kommt mir vor, daß dies ein Aspekt der Ablehnung ist, die junge Menschen erfahren. Es ist eine Ablehnung aus Angst und Schwäche.

Kinder und Jugendliche durchschauen, daß wir sehr weit von einer individuellen Auseinandersetzung mit dem Bösen und noch weiter von einer Auseinandersetzung mit dem *persönlich* Bösen entfernt sind. Sie durchschauen die Unechtheit, die Regeln, Urteile und Standards immer dort umgibt, wo sie nicht individuell durchdrungen und erarbeitet, sondern nur gläubig übernommen oder autoritativ durchgesetzt werden.

Die jungen Menschen haben sich am Ende dieses Jahrhunderts eine Aufgabe gestellt. Jeder von ihnen versucht, sie anders und sehr individuell durchzuführen, sicher oft unbeholfen, verzerrt, schrill und immer übertrieben – manchmal aber auch staunend vor sich selbst. Sie meinen, sie müßten uns, die wir das Böse *auf die Zinnen der Stadt verbannen*, die Auseinandersetzung mit dem Bösen abnehmen. Das heißt natürlich nicht, daß wir die entsprechenden Verhaltensweisen inhaltlich gut finden oder demütig zur Kenntnis nehmen sollten. Im Gegenteil: Unsere individuelle Auseinandersetzung mit solchen Provokationen ist gefragt. Wir müssen Grenzen von Toleranz und Geschmack markieren und vertreten. Kinder wollen hinter solche Grenzen blicken, sie wollen erleben, was Individualität ist – gerade angesichts dessen, was diese bedroht.

Also: Wer führt wen? Mir scheint, daß diejenigen, die wir meinen erziehen zu müssen, in manchen Bereichen uns voraus sind. Sie sind oft ehrlicher vor sich selbst als die Erwachsenen. Sie spüren die Individualisierungsnotwendigkeit, den Aufruf zur Ichhaftigkeit, ohne den keiner die Zukunft bestehen wird, und sie spüren dies oft drängender und klarer als wir Fertigen. Sie wissen, daß man auch als Individualität nie fertig sein kann. Wir aber präsentieren ihnen die Welt immer als eine fertige – besonders in moralischer Hinsicht –, und darin liegt etwas elementar Unehrliches.

Zum Beispiel vermitteln wir – wenn überhaupt –Sexualmoral als etwas Fertiges. Da kann man nur staunen. Wer ist denn mit diesem Thema wirklich »fertig«? Sex in der Werbung, die Sexindustrie – das haben nicht Jugendliche erfunden, sondern Erwachsene. Und Erwachsene halten solche Dinge aufrecht, indem sie sie konsumieren. Sind gesellschaftliche oder politische Werte etwas Fertiges? Ist es der moralische Höhepunkt dessen, was man unter Politik verstehen kann, wenn den Politikern heute nichts mehr einfällt als Geld einzusammeln? Kann man darüber heute noch unterrichten ohne zu lügen? Es wird unterrichtet, was *ist*. Wann wird unterrichtet, was sein *könnte*? Wir wollen »Willensbildung« betreiben. Wer von uns hat eigentlich diesen vielzitierten Willen in sich? Und verbrämt man mit diesem Begriff vielleicht einfach die Forderung nach resignativer Anpassung an angebliche Realitäten? Kinder haben sehr wohl eine starke Willenskraft und einen Willen zur Zukunft, auch zur persönlichen, wo Erwachsene längst aufgegeben oder sich angepaßt haben.

Könnten wir vielleicht einmal auf die Idee kommen, die jungen Menschen als kompetent für ihre Welt zu betrachten? Nicht um sie dann damit allein zu lassen, sondern im Gegenteil, um uns als Individuen wie ein Baum dazuzustellen. Der Baum kann schützen, er ist unerschütterlich er selbst, er kann auch zurückgelassen werden, und er kann immer wieder aufgesucht werden. Der Baum predigt nicht ständig, was angeblich alles gefährlich ist. Das wäre auch überflüssig, denn die Heranwachsenden haben ja selbst die gefährlichen Seiten der Welt erkannt und möchten sich unter dem Schutz des Baumes damit auseinandersetzen. Nichts ist langweiliger als unumstößliche Wahrheiten. Belehrung hinterläßt Ratlosigkeit und ein Lähmungsgefühl. Der Erwachsene braucht sich nicht einzubilden, kraft seines Erwachsenseins Wegweiser zu sein. Er ist dies entweder durch seine Individualität oder überhaupt nicht.

»Ich erziehe nicht, ich bin da«, sagte der Mann in der Straßenbahn. Der Baum will nichts von mir, er ist da; notfalls schützt er mich, er kann mir Mitte geben, ich kann mich an ihm reiben und meine Kräfte an ihm messen. Aber er kann auch er selbst bleiben, wenn ich mich auf den Weg mache, um mich eines Tages irgendwo anders selbst zu verwurzeln und Baum zu werden. Der Baum pflegt auch nicht jene vordergründige kumpelhafte Pädagogik, die in schlabberigen Latzhosen und mit Ballonmütze daherkommt, ihre Nähe zur Jugend ständig im Knopfloch trägt und einfach alles »O.K.« findet, was Jugendliche so tun. Der Baum versteht manchmal nicht, und auch das kann gut sein. Heranwachsende wollen nicht pausenlos verstanden werden. Sie brauchen ihren geheimen Bereich, ihren den Erwachsenen nicht zugänglichen Innenbereich. Es ist nicht gut, rundherum verstanden zu werden, bevor man sich selbst versteht. Der Erwachsene soll gar nicht mein Ich kennen, bevor ich es kenne. Das wäre eine Vereinnahmung.

Und der Baum braucht in gewisser Weise auch die Kinder, die sich manchmal um ihn scharen. Er braucht es, daß seine Umgebung gepflegt wird, er braucht Lichtung, er braucht den Schutz vor Krankheiten, die ihn zerfressen könnten. Was wäre, wenn der Baum das ablehnen würde? Dann wäre er gefährdet und irgendwann könnte er nicht mehr Schutz sein für die, die sich an ihm orientieren wollen. Ja, die jungen Leute führen heute oft uns Erwachsene – nicht nur im persönlichen Schicksal können wir so etwas erleben. Sie *wollen* uns führen in der Auseinandersetzung mit den Gefahren der Zukunft. Was ist, wenn wir das ablehnen? Wäre das nicht die existentiellere Perspektivlosigkeit der Jugend als jene aus wirtschaftlichen Interessen geschaffene der fehlenden Ausbildungs- und Arbeitsplätze? Wenn wir die jungen Menschen nicht ernst nehmen in ihrer Suche nach sich selbst und nach dem zukünftigen Bestehenkönnen vor der Destruktion, werden sie sich bald selbst nicht mehr ernst nehmen. Wir müssen ihnen das Jungsein ermöglichen, anstatt sie möglichst rasch und möglichst harmonisch an unsere Werte anpassen zu wollen. Wir müssen ihnen ein Gegenüber geben. Eltern, die sich teenagerhaft aufführen, erschrecken sie, bei allem vordergründigen Einverständnis, das vielleicht zunächst empfunden wird. Sie brauchen ein Gegenüber, das nicht die Weisheit mit Löffeln gefressen hat. Es geht nicht mehr an, das Allgemeine, Regelhafte, angeblich endgültig Wahre über das Individuum zu stellen. Sinnsuche und Wahrheitssuche des jungen Menschen richten sich nicht auf das Fertige und Allgemeine – denn das haben andere geschaffen –, sondern auf das persönlich Mögliche, noch zu Erreichende. Ich meine, das muß Inhalt von Unterricht und Pädagogik sein; der Hinweis auf das Mögliche, das uns selbst befeuert und auch uns noch herausfordert. Lernen wird bald nur noch *gemeinsames* Lernen sein können. Es geht nicht darum, Heranwachsenden etwas zu ersparen, sondern ihr Anwalt zu sein, wenn sie sich vergaloppiert beziehungsweise überschätzt haben.

Und Jugendliche wollen gebraucht werden. Ihre Kompetenz bezüglich der gerade erst anbrechenden Zukunft muß anerkannt, eingebunden und herausgefordert werden. Glauben wir doch einfach an das Kind, an das, was in ihm steckt, was es mitbringt und was es sich als Herausforderung sucht, und hören wir auf, den Gefährdungen, Ablenkungen und Abirrungen mehr Gewicht beizumessen als der aufbrechenden Ichkraft junger Menschen. Es sind oft »alte Seelen«, die sich in früheren Erdengängen offenbar wesentlich mehr erarbeitet haben als wir. Solidarität ist verlangt, nicht Selbstverleugnung oder besserwisserische Autorität. Verlangt ist die Solidarität derer, die ein Stück Weges schon gegangen sind, mit denen, für die noch ganz offen ist, welchen Weg sie einschlagen werden, die aber nichts sicherer wissen, als daß es ihr individueller Weg sein wird. Wohlgemerkt: Solidarität – nicht Anbiederung und nicht Zurückweisung.

»Ich erziehe nicht, ich bin da«, sagte der Mann in der Straßenbahn. Erziehen kann man, in gewissen Grenzen jedenfalls, lernen. Man kann Techniken, Methoden und Didaktiken sowie pädagogische Maßnahmen lernen. Aber nichts fordert uns als Individualität mehr heraus, als einfach wie ein Baum dazusein, in voller Konzentration.

MATHIAS WAIS

Trennung und Abschied
Der Mensch auf dem Wege

Mit einem Beitrag von Ulrike Schellenberg

160 Seiten, gebunden

In der Vereinseitigung des Festhaltens können Haben und Bleiben sich in ihr Gegenteil verkehren. Kleine innere Verabschiedungen gehen dem Trennungsvorgang voran. Jede Trennungs- und Verlustsituation ist von Ambivalenz geprägt: zwischen Sich-Auflehnen und Aufgeben, zwischen Leugnen der Krise und hastigem Weitergehen. Trennung und Abschied sind in gewisser Weise nie zu Ende. Dies anzuerkennen ermöglicht eher ein Weiterschreiten der eigenen Biographie als die Illusion, man sei mit dem Verlorenen fertig. Trennung muß nicht passiv erlitten werden. Sie kann aktiv gestaltet und damit fruchtbar gemacht werden für die weitere Entwicklung.
Aus dem Inhalt: Das Wesen des Menschen ist Aufbruch · Die Schwelle zwischen Haben und Aufbruch · Trennungsangst und Trennungslust · Die Trennung beginnt vor dem Abschied · Trennungshygiene · Nach der Trennung – die Chance der erneuten Begegnung.

MAYER

Neil Postman · Tobias Richter

Der Auftrag der Schule heute
Wirklichkeit und Unwirklichkeit in der
Erziehung

68 Seiten, broschiert

»Mein Zugang zur Erziehung ist geprägt von der
Erfahrung, daß die Menschen einander extrem
gefährlich werden, wenn sie ihre rationalen Kräfte preisgeben. Auf diese Einsicht ist alles, was ich
geschrieben, oder alles, über das ich gesprochen
habe, zurückzuführen – auch wenn ich das nicht
immer extra erwähnt habe. Nichts fürchte ich
mehr, als wenn die Menschen ihre Vernunft aufgeben.
Mancher mag denken, daß ich diesen Aspekt in
meinem Erziehungskonzept zu sehr betone, und
vielleicht hat er recht. Aber mein Glaube ist es,
daß wir in der Schule die Möglichkeit haben, jungen Menschen zu helfen, die Fähigkeit zu entwik-
keln, vernünftig zu denken. Wenn das dort nicht
geleistet wird, wird es in den meisten Fällen überhaupt nicht getan. Aber ohne einen transzenden-
ten Sinn wird das Schulwesen bald am Ende sein,
und je schneller wir diesen finden, desto besser.
Mit solch einem Sinn wird die Schule eine zentra-
le Institution sein, durch die junge Menschen lernen können, sich über ihre Schulzeit hinaus selbst
zu erziehen.« *Neil Postman*

MAYER

PETER PETERSEN

Majestät des Todes – Bewegung des Lebens

Therapeutische Wandlungsprozesse

52 Seiten, broschiert

Der Tod wird heute nicht mehr durch Verschweigen, sondern durch Zerreden tabuisiert. Das »Todespalaver« deckt sein Geheimnis mehr zu, als daß es zur Klärung beiträgt. Der Tod in unserer Vorstellung, nicht der real von uns wahrgenommene ist entsetzlich.

Dagegen können die reale Wahrnehmung, genaue Kenntnis, das Sich-Einlassen auf Sterbende und die Begleitung der Toten und ihrer Hinterbliebenen – also die konkrete Erfahrung – Gelassenheit, Mitgefühl und Milde hervorrufen. So läßt der vorgestellte Tod uns erblinden für die Wahrnehmung des wirklichen Todes.

Aus dem Inhalt: Tod, ein neues Tabu · Wozu sind künstlerische Therapeuten herausgefordert? · Dimensionen unseres Todesbewußtseins heute – ein neues Bewußtsein ist erzwungen · Von Nüchternheit und Liebe im Angesicht des Todes.

MAYER